Die Legende vom Lebkuchen

Dietrich Voorgang

Die Legende vom Lebkuchen

HERDER

FREIBURG · BASEL · WIEN

Der eisige Herbstwind wehte drei Glockenschläge von St. Sebald herüber. Viertel vor zwei. Die im Durchzug flackernde Kerze vermochte die kümmerliche Backstube in dem kleinen, heruntergekommenen Haus kaum zu erhellen. Jakob, der Lebkuchenbäcker, ließ resigniert den Kopf hängen. Wie sollte es nur weitergehen? Die Geschäfte gingen schlecht, die meisten der ehemals treuen Kunden kauften ihre Lebkuchen längst woanders und gerade jetzt, wo es auf Weihnachten zuging, wurden auch noch seine Vorräte knapp und er musste sogar anfangen, an den kostbaren und teuren Gewürzen zu sparen.

Hoffentlich schlief wenigstens Anna, seine Frau. Sie war schon früh nach oben gegangen und hatte sich in der zugigen Kammer über der Backstube zur Ruhe gelegt. Sie müsse sich schonen während der Schwangerschaft, das hatte die Amme Elisabeth geraten. Jakob seufzte. So viele Sorgen!

Feuer! Jakob schreckte hoch. Ich muss eingenickt sein und im Schlaf die Kerze umgestoßen haben. Und jetzt steht das ganze Haus in Flammen. Um Gottes Willen, ich muss Anna unbedingt retten. Jakob wollte aufspringen, aber seine Beine waren wie gelähmt.

Seltsam, das Feuer schien überhaupt nicht zu lodern, ein helles, gleichmäßiges Licht erfüllte den ganzen Raum, warm und friedlich. So also ist der Tod, dachte Jakob. Nur Anna soll doch nicht sterben, sie doch nicht und nicht das Kind, das bald geboren werden sollte. Wenn er nur irgendetwas tun könnte, um sie vor den drohenden Flammen zu bewahren. Aber er brachte nicht einmal einen Ton heraus.

Plötzlich hörte er Annas Stimme. Gott sei Dank, sie hat das Feuer bemerkt und kann sich in Sicherheit bringen, dachte Jakob erleichtert und neben seinem Einverständnis mit dem Tod spürte er jetzt eine tiefe Dankbarkeit, dass das Letzte, was er in seinem Leben hören würde, Annas Stimme war.
»Jakob«, sprach die Stimme leise und eindringlich und sie hatte plötzlich überhaupt nicht mehr Annas Klang. »Jakob, danke für das Leben.« Für das Leben danken? Was ist das für ein Leben? Und jetzt verbrennt das Wenige, das mir geblieben ist, und ich werde sterben, wollte Jakob einwenden, aber wieder brachte er keinen Ton heraus.
Als hätte er laut gesprochen, antwortete die Stimme: »Hab keine Angst. Dieses Feuer

verbrennt dich nicht und auch nicht dein Haus und auch deiner Frau wird nichts geschehen. Ich kenne deine Sorgen wohl und manchmal, wenn Menschen nicht mehr weiterwissen, brauchen sie Hilfe. Ich bin gekommen, um dir zu helfen.«

Mitten in dem warmen Licht, das den Raum erfüllte, da wo es am hellsten war, meinte Jakob eine leuchtende Gestalt zu erahnen. »Ich bin der Engel der Heimat«, sprach die Gestalt, »und mein Name ist meine Botschaft.« Allmählich verblasste die Gestalt und das Licht verwandelte sich von strahlendem Gelb in sanftes Rot und begann langsam zu verglühen. Halt, halt, geh noch nicht, du musst mir erst noch sagen, wie du mir helfen willst, flehte Jakob in Gedanken.

»Ich habe dir bereits geholfen. Mein Name ist die Hilfe.« Das waren die letzten Worte, die Jakob vernahm.

Mit einem letzten Flackern erlosch die Kerze und der Geruch von heißem Wachs stieg Jakob in die Nase. Stöhnend rieb er sich die übermüdeten Augen. Ich muss wohl hier in der Backstube eingeschlafen sein, dachte Jakob, und streckte seine verspannten Glieder. Engel der Heimat, was für einen Unsinn ich zusammenträume. Jakob schüttelte den Kopf und beschloss, endlich ins Bett zu gehen.

Jakob war übernächtigt und während er gedankenverloren Nüsse und Mandeln für den Lebkuchenteig hackte, wanderten seine Gedanken in die Vergangenheit. Wie fröhlich ging es damals im Haus seines Vaters zu. Von ihm hatte er die Lebküchnerei gelernt, in seiner Backstube hatte er Nüsse und Mandeln abgezogen und gehackt, Honig und Mehl verrührt und dem Vater zugesehen, wie er die kostbaren Gewürze aus der mit einem dicken Schloss gesicherten Truhe entnahm und Prise um Prise in den Teig gab, bis er den richtigen Geschmack hatte, dieses unvergleichliche, geheimnisvolle Aroma, das die Lebkuchen weltberühmt gemacht hat.
Die beiden angestellten Gesellen waren stets fröhlich, es wurde gesungen und gescherzt

und alle waren mit Freude bei der Arbeit. Neben der Backstube, die immer blitzblank aufgeräumt war, lag der große Vorratsraum, in dem Nüsse, Mandeln und Mehl gelagert wurden. Jakob musste unwillkürlich lächeln, wenn er an die verdutzten Gesichter der Besucher dachte, die einen Blick in die Vorratskammer werfen durften. Die Säcke mit Mehl und Mandeln standen nämlich nicht auf dem Boden, sondern waren sorgsam auf dicken Holzbohlen aufgereiht, die an starken Seilen von den Deckenbalken hingen. Wozu das denn gut sein solle, wunderten sich fast alle und Jakobs Vater ließ sie eine Weile rätseln, bevor er das Geheimnis lüftete: Er habe einst von den hängenden Gärten der Semiramis gehört und sich gleich gedacht, das müsse ein gutes Mittel gegen die Mäuseplage sein. Und wirklich, seit die Vorräte aufgehängt wurden, gab es im Haus kaum eine Maus mehr.

Von einem kurzen Gang aus konnte man den hinter dem Haus gelegenen Schuppen mit den Holzvorräten erreichen und über eine Treppe die im Obergeschoss liegenden Räume, in denen Jakob mit seinem Vater auf der einen Seite und die beiden Gesellen auf der anderen Seite wohnten.

Gegenüber der Backstube lag der kleine Verkaufsraum. In Regalen und Kiepen waren die verschiedenen Lebkuchen sortiert, die empfindlichen Sorten waren in dicht schließenden Blechdosen verwahrt, die besonders kunstvoll verzierten lagen auf dem

Verkaufstisch, damit die Besucher sie genau in Augenschein nehmen konnten.
Für jeden Kunden, der das große, direkt am Markt gelegene Haus betrat, um von den köstlichen Lebkuchen zu kaufen, hatte sein Vater ein gutes Wort. Er war in der ganzen Stadt beliebt und geschätzt und sein Wort als Lebküchnermeister hatte in der Zunft der Lebkuchenbäcker Gewicht.
Wehmütig dachte Jakob an das Fest, das Jakobs Vater jedes Jahr am letzten Markttag im September für seine Gesellen und die Händler veranstaltete, bei denen er Mehl, Nüsse, Mandeln, Gewürze und alle anderen Zutaten für die Lebkuchen und das Holz für den Ofen kaufte. Auch die anderen Lebküchner der Stadt waren eingeladen und zusammen

feierte man ausgelassen, bevor die besonders arbeitsreiche Zeit vor Weihnachten begann. In dem großen Ofen der Backstube wurden ausnahmsweise keine Lebkuchen gebacken, sondern Brot und Kuchen. Da wurde ein Schwein geschlachtet und in großen Kesseln wurden Würste gekocht, über offenem Feuer brutzelte Fleisch und frisches Schmalz ließ den deftigen Gemüseeintopf besonders gut schmecken. Der Wein floss reichlich und zu vorgerückter Stunde holte Jakobs Vater seine Laute hervor und sang so eindringlich vom Herzeleid vergangener Liebe und dem allzu frühen Tod seiner Frau, dass alle tief gerührt waren. Aber es wurde auch ausgelassen getanzt und Jakob erinnerte sich genau an den ersten Tanz mit

Anna, der Tochter des holländischen Gewürzhändlers, der in jenem Jahr zum ersten Mal in Nürnberg seine Waren feilgeboten hatte und der auch zu dem Fest eingeladen war. Schon als sie zusammen mit ihrem Vater den Raum betreten hatte, konnte Jakob kaum den Blick von ihr wenden. Zierlich war sie, ihre blonden Locken umrahmten ein fröhliches Gesicht mit strahlend blauen Augen. Und wie sie sich im Tanz an ihn geschmiegt hatte, als ob sie schon wüsste, dass sie einmal ein Paar würden.
Und dann die Hochzeit im nächsten Frühjahr. Jakob konnte sich an jede Einzelheit erinnern, an die feierliche Trauung in der Sebaldus-Kirche, an den Weg von der Kirche zu seinem Elternhaus, an die vielen

Menschen, die dem jungen glücklichen Paar gratulierten, an die Glückwünsche der Lebküchnerzunft und ihr Geschenk, einen großen Lebkuchenkranz. Wie strahlend schön war Anna in ihrem langen weißen Kleid, wie zärtlich und voller Liebe waren ihre Blicke, die sie ihm immer wieder schenkte. Ja, das war der glücklichste Tag in seinem Leben.

Noch glücklicher fast schien Jakobs Vater. Er hatte Anna sofort ins Herz geschlossen und sein Haus sollte ihr ebenso Heimat sein wie seinem Sohn. Er genoss es sichtlich, dass wieder eine Frau im Haus war, er freute sich an ihrem hellen Lachen und sah mit Freude, wie sie mit ihrer Lebenslust auch seinen Sohn ansteckte, der seit dem frühen Tod seiner Mutter manchmal grüblerisch und missmutig war. Ja, das war eine glückliche Zeit.

Jakob seufzte und blickte kurz von seiner Arbeit auf. Und wieder wanderten seine Gedanken in die Ferne, in die Vergangenheit, zu jenem Tag, als das Glück sie verlassen hatte. »Jakob, schnell, du musst mitkommen. Mein Meister schickt mich, dich zu holen. Dein Vater …« Ganz außer Atem war der Lehrjunge des Lebküchnermeisters Franz. Erst vor einer Stunde war Jakobs Vater zusammen mit Franz zu einer Versammlung der Lebküchnerzunft gegangen. Als Jakob den keuchenden Lehrling vor sich sah, wusste er bereits, dass etwas Schlimmes passiert sein musste. Wie er war, im Arbeitskittel, die Arme voller Mehlstaub, rannte Jakob zum Zunfthaus. Totenblass war sein Vater, schwer atmend lag er auf einer Bank. »Er hat gerade zu uns gesprochen«, sagte zaghaft einer der Meister, »und dann hat er sich plötzlich an die Brust gegriffen und ist einfach umgestürzt.« Jakob kniete neben seinem Vater nieder und fragte eindringlich: »Vater, Vater, hörst du mich?«, aber der reagierte nicht. Vier starke Männer brachten ihn nach Hause. »Es steht schlecht, sehr schlecht!« Der eilig herbeigerufene Arzt kratzte sich nachdenklich am Kopf. »Es ist sein Herz. Aber ich kann nichts tun. Wir können nur hoffen.« Drei Tage und drei Nächte wachten Anna und Jakob an seinem Bett. Am Morgen des vierten Tages schlug er noch einmal seine Augen auf, lächelte die beiden an und sagte mit klarer Stimme: »Gott sei mit euch, meine Kinder.« Das waren seine letzten Worte und eine Stunde später hörte er zu atmen auf.

Drei Tage nach der Beerdigung erschien mit ernster Miene eine Abordnung der Lebküchnerzunft. Meister Franz trat vor und sagte: »Wir haben uns beraten. Wie du weißt, Jakob, kann nicht jeder Lebkuchenbäcker Meister in unserer Zunft werden. Dein Vater war ein guter und ehrlicher, rechtschaffener Mann, der sich um unsere Zunft verdient gemacht hat. Dich hat er in die Kunst des Lebkuchenbackens unterwiesen und als seinen Erben vorgesehen. So wollen wir dich trotz deiner Jugend und Unerfahrenheit als neuen Meister in unsere Zunft aufnehmen, wenn du bereit bist, mit deiner Arbeit zum Ruhm der Lebküchner und der Stadt beizutragen, wenn du die Geheimnisse der Kunst bewahren und dich den Bedingungen unserer Zunft unterwerfen willst. Nun, bist du bereit?«

Jakob wurde schwindlig. Er sollte neuer Meister werden? Gewiss, in jungen Jahren hatte er manches Mal davon geträumt, wie sein Vater zu den Meistern zu gehören, aber jetzt befielen ihn Zweifel. Alle Augen waren gespannt auf ihn gerichtet. Jakob blickte von einem zum andern und schließlich zu Anna, die neben ihm stand und ihm zulächelte. Da nahm er all seinen Mut zusammen und sagte mit fester Stimme: »Ja, ich bin bereit.«

Wie viel Neues hatte Jakob nun zu tun. Er musste sich um den Einkauf der Zutaten kümmern, den bisher immer sein Vater besorgt hatte. Manche Händler nutzten seine Unerfahrenheit aus, aber Jakob tat es mit einem Schulterzucken ab, wenn die anderen Meister ihm sagten, er habe viel zu teuer gekauft.

Mit Bangen ging er zur ersten Zusammenkunft der Lebküchnermeister, aber als er freundlich aufgenommen wurde und man ihn als offenbar würdigen Nachfolger seines Vaters respektierte, verloren sich seine Bedenken zusehends. Bald gehörte er zu denen, die das große Wort führten. Die Älteren schüttelten den Kopf, schrieben es aber seinem jugendlichen Ungestüm zu und dachten sich ihr Teil. Manche zwielichtige Gestalten suchten seine Gesellschaft und häufig verbrachte er den Abend im Wirtshaus und zechte mit seinen neuen Freunden bis tief in die Nacht. Wenn er weit nach Mitternacht, manchmal gar erst im Morgengrauen nach Hause kam und Annas besorgte Blicke bemerkte, wurde er oft zornig. »Ich arbeite schließlich von früh bis spät, da wird mir doch eine kleine Freude vergönnt sein«, fuhr er sie mehr als einmal unwirsch an. Am nächsten Morgen, wenn er verkatert aus dem Bett gestiegen war, ließ er seinen Ärger an den beiden Gesellen aus, schalt sie faule Nichtsnutze und trieb sie zur Arbeit, während er im Verkaufsraum seinen Rausch ausschlief.

Die Kunden behandelte er herablassend. Die Lebkuchen aus seines Vaters Haus waren schon immer etwas ganz Besonderes gewesen, da mussten sich die Menschen glücklich schätzen, wenn sie bei ihm einkaufen durften. Allmählich blieben immer mehr Kunden weg und Jakob suchte noch öfter Trost im Wein.

Eines Morgens, Jakob hatte wieder die ganze Nacht im Wirtshaus zugebracht und war missmutig und gereizt, führte einer der Gesellen – der andere hatte längst das Weite gesucht – einen streng blickenden Mann herein, der sich als Vertreter der Händler vorstellte, bei denen Jakob einkaufte und schon eine ganze Weile hatte anschreiben lassen. Sie forderten ihr Geld und waren nicht bereit, sich noch länger vertrösten zu lassen. Jakob geriet in Zorn und redete großspurig von der Ehre, den angesehensten Nürnberger Lebkuchenbäcker beliefern zu dürfen, und als all das nichts nutzte, griff er mit weit ausholender Geste zu seiner Geldschatulle, um sich der lästigen Pflicht zu entledigen. Entsetzt musste er jedoch feststellen, dass er nur noch über ein paar Münzen verfügte. »Komm morgen wieder, dann bekommst du das Geld«, sagte Jakob und überlegte, bei wem er sich etwas leihen könnte.

Jakob blickte wieder von seiner Arbeit auf. Wie dumm und sorglos war er doch damals gewesen und wie schmerzhaft hatte er lernen müssen, dass seine Freunde verschwunden waren, als er sie am nötigsten gebraucht hätte. Keiner hatte ihm Geld geliehen und als auch der zweite Geselle noch gegangen war, mussten sie das schöne Haus am Markt – sein Elternhaus – verkaufen, um die Schulden bezahlen zu können.

In ein kleines, heruntergekommenes Häuschen waren sie gezogen, das sie von einem alten Bäcker für wenig Geld erstanden hatten. Zum Glück hatte es einen Backofen, denn nur die Lebküchner mit einem eigenen »Rauch« durften ihre Lebkuchen selbst auf den Markt bringen. Der Ofen war alt und schief, wurde auf der einen Seite nicht richtig heiß und verbrannte auf der anderen Seite alles, was auch nur einen Moment zu lange im Rohr war. So wurde das Backen zu einer Quälerei, Jakob musste ständig die

Lebkuchen von einer Seite auf die andere schieben. Häufig verbrannte er sich dabei und jedes Mal, wenn er die Ofentür öffnete, quoll Rauch aus dem schlecht ziehenden Kamin in die Backstube.
Anna ertrug das alles ohne ein Wort der Klage. Woher nimmt sie ihre Zuversicht, fragte Jakob sich oft. Sie hatte die Arbeit der Gesellen übernommen, so gut sie konnte, sie verkaufte auf dem Markt die Lebkuchen, während er zu Hause in der Backstube für Nachschub sorgte. Sie murrte nicht, dass ihnen zum Schlafen nur die kleine Kammer über der Backstube blieb. Sie pflückte von den wilden Rosen, die hinter dem Häuschen wuchsen, trocknete die Blüten und schmückte den bescheidenen Raum.

Sie sorgte dafür, dass sie genug zu essen hatten, und ein ums andere Mal gelang es ihr, auf dem Markt ein paar Lebkuchenreste gegen ein Stück Fleisch oder ein Brathuhn einzutauschen, aus dem sie dann eine köstliche Mahlzeit zubereitete.

Jeden Abend dankte sie für alles, was Gott ihnen gegeben hatte, und hatte ein gutes Wort für ihn. Gerade betrat sie die Backstube wieder, lächelte ihn an und fragte: »Nun, hast du alles bereit für morgen? Backst du dann wieder deine unvergleichlichen, einzigartigen, bis an das Ende der Welt berühmten Lebkuchen, die Jakobs-Kuchen, von denen noch deine Urenkel schwärmen werden und die dermaleinst in die Geschichtsbücher eingehen werden?«

Jakob verzog das Gesicht. »Ja, es ist alles bereit für morgen. Aber meine Gewürze gehen zur Neige und ich weiß nicht, woher ich die Mittel nehmen soll, um neue zu kaufen. Und auch der Honig wird langsam knapp.«

»Ach, sorge dich nicht, für die Gewürze wird sich schon eine Lösung finden und auch für den Honig, vielleicht sogar schon morgen.«

Anna setzte sich zu ihm. »Ich würde dir so gerne mehr helfen, aber weißt du, ich muss auch an unser Kind denken.« Bei diesen Worten strich sich Anna langsam und vorsichtig über den Bauch.

»Und weißt du«, erwiderte Jakob, »ich würde dir so gerne mehr helfen. Ich bin schließlich Schuld an unserer misslichen Lage, ich habe uns hierher gebracht. Ich gebe mir wirklich jeden Tag alle Mühe, aber oft weiß ich nicht, was ich noch tun soll. Manchmal denke ich, wir sollten unser Glück woanders suchen.«

»Nein, nicht du hast uns hierher gebracht«, antwortete Anna. »Ich bin freiwillig mit dir gegangen und nicht du bist dafür verantwortlich, dass dein Vater früh gestorben ist. Es war vielleicht zu viel, was du übernehmen musstest, und ich habe dich ja auch noch dazu ermutigt. Ich weiß, dass du alles für uns tust, was du kannst, und ich vertraue dir und ich vertraue Gott, dass er uns seinen Segen schickt. Und jetzt komm ins Bett und sorge dich nicht länger um Gewürze und Honig, dazu ist morgen noch

Zeit genug. Für heute hast du genug gearbeitet.«

Jakob lag schlaflos im Bett. Neben ihm atmete Anna tief und fest, aber er fand keine Ruhe. Der Mond schien durch das schmale Kammerfenster und in dem fahlen Licht verlor alles Kontur und Farbe. Doch was war das? Eine der getrockneten Rosenblüten, die Anna überall im Raum verteilt hatte, leuchtete plötzlich in sanftem Rot. Verwirrt blinzelte Jakob. Nein, er hatte sich getäuscht, alles sah aus wie immer. Nur da hinten, war da nicht wieder ein rötlicher Schein? Das konnte doch nicht sein! Und jetzt begannen zwei weitere Blüten zu glühen. Jakob wollte Anna wecken, ihren Namen flüstern, aber er brachte keinen Ton heraus. Immer heller wurde es, alle Rosenblüten strahlten jetzt und tauchten den Raum in ein leuchtendes Rot. Und jede Rose verströmte einen betörenden Duft. Warum Anna nur nicht aufwachte? Aber Jakob konnte noch nicht einmal zu ihr hinübersehen. Das Licht und der Duft schienen ihn einzuhüllen, alles fügte sich zu einer einzigen großen, dunkelrot leuchtenden Rosenblüte und ihm war, als ob aus dem Inneren der Blüte leise Musik erklänge – Musik so schön, wie er sie niemals vorher gehört hatte. Und jetzt hob in der Musik eine Stimme zu singen an, erst leise und kaum verständlich, dann immer klarer. »Jakob«, sang die Stimme, »Jakob, warum sorgst du dich? Danke für das Leben. Ich will dir helfen.« »Du willst mir helfen? Bist etwa auch du ein Engel?« Jakobs Frage klang jedoch nur in seinem Kopf; seine Lippen blieben stumm. Aber es war, als ob der Engel seine Frage gehört hätte. »Ja, ich bin ein Engel, ich bin der Engel der Blumen und mein Name ist meine Botschaft.« Ehe Jakob fragen konnte, wie denn ein Name eine Botschaft sein könne und was der Name bedeuten solle, verklang die Musik, der Rosenduft verflog und das Leuchten der Rosenblüten verglomm.

Mit einem Ruck setzte Jakob sich auf. Der Mond war weitergezogen, in der Kammer war es stockdunkel. Neben ihm atmete Anna tief und ruhig. Engel der Heimat und jetzt noch Engel der Blumen – ob ich allmählich den Verstand verliere? Jakob war zu müde, um länger darüber nachzudenken, und zog sich die Decke über den Kopf.

Es klopfte heftig an die Tür. Jakob rieb sich stöhnend die Schläfen. Wer wollte denn so früh schon etwas von ihm? Leise Verwünschungen vor sich hinmurmelnd, zog er Hemd und Hose an und stieg die schmale Stiege hinunter. »Schau, wer da ist«, rief Anna, die natürlich schon längst aufgestanden war und eben den frühen Gast hereinbat. Als Jakob die kräftige, in einen warmen, braunen Mantel gehüllte Gestalt, das wirre graue Haar, die leuchtend blauen Augen und den wild wuchernden Bart ihres Besuchers erblickte, hellten sich seine Züge auf: »Martin, so eine Freude. Wir haben dich erst nächste Woche erwartet.«

»Ja, ich bin dieses Jahr früher dran. Nach dem kurzen Sommer habe ich meinen Lieben ihre Schätze schon etwas eher abgenommen.« Martin ließ sich auf der Ofenbank nieder und begann umständlich, seine Stiefel auszuziehen. Dabei grinste er und sprach weiter: »Aber in dem kurzen Sommer waren meine Lieben sehr fleißig. Bienenfleißig sozusagen.« Dröhnend lachte Martin über seinen eigenen Scherz und fügte dann hinzu: »Und einen ganz besonderen Duft und einen ganz außergewöhnlichen Geschmack haben meine Lieben dem Honig heuer verpasst.« Martin war Zeidler und sprach von seinen Bienen immer als von »seinen Lieben«.

»Gibt's hier nichts Anständiges zu trinken? Ein alter Mann wie ich braucht nach dem anstrengenden Weg eine Stärkung.« Martin lachte und Anna entfachte schnell das Herdfeuer, um Tee zu kochen. »Hier, tu etwas davon in dein Gebräu, sonst ist es doch ungenießbar«, neckte er Anna und kramte ein Glas mit golden leuchtendem Honig aus seinem Beutel. »Die Ausbeute von diesem Jahr. Er ist so gut geraten wie lange nicht, meinen Lieben sei Dank.«

»So, und nun erzählt, wie es euch ergangen ist im vergangenen Jahr«, forderte Martin auf, nachdem Anna den Tee eingegossen hatte. »Gut«, sagte Anna. »Schlecht«, sagte Jakob gleichzeitig. »Aha«, murmelte Martin, »das nenn ich doch mal eheliches Einvernehmen.«

»Wir haben zu Essen und zu Trinken und ein Dach über dem Kopf«, begann Anna. »Ja, und du bist guter Hoffnung«, meinte Martin mit einem Blick auf Annas sich rundenden Bauch, der selbst unter ihrem weiten Gewand nicht zu übersehen war.

»Ja, wir freuen uns beide sehr auf das Kind«, lächelte Anna, fuhr dann aber betrübt fort: »Nur möchte ich Jakob doch bei seiner Arbeit helfen, aber ich bin oft so müde und die Amme hat gesagt, ich solle mich schonen.«

»Jakob wird es schon alleine schaffen, er ist schließlich ein Mann«, erwiderte Martin und trank einen Schluck Tee. »Oder etwa nicht?«, wandte er sich an Jakob.

»Ach, alles ist so schwierig«, begann Jakob mit seiner Klage. »Nichts ist schwierig«, murmelte Martin in seinen langen Bart. »Oder alles, wie man es eben betrachtet.«

»Die ständigen Geldsorgen und die große Konkurrenz – ich habe einfach keinen Erfolg. Und der vermaledeite Ofen, auf der einen Seite zu heiß und auf der anderen zu kalt. Und ...«

»Dann musst du dir eben etwas Neues einfallen lassen«, unterbrach Martin. »Gib deinen Lebkuchen eine neue Form, mach Sterne und Herzen oder tu ein paar neue Gewürze hinzu oder back sie herzhaft mit Schmalz und Käse oder back die einen dunkel und lass die anderen hell oder was weiß ich. Du bist schließlich der Lebküchner.«

»Mein Vater hätte gewusst, was zu tun ist«, seufzte Jakob.

»Ja, dein Vater war ein ganz besonderer Mann und er hat auch mir manchen wertvollen Rat gegeben«, erinnerte sich Martin. »Nicht umsonst war er mein bester Freund und auch ich war ihm ein guter Freund. Und als dieser Freund, der deinem Vater versprochen hat, ein Auge auf seinen Sohn zu haben, wenn er vor mir sterben sollte, sage ich dir jetzt etwas: Dein Vater hätte sicher eine Lösung gewusst, die uns beiden nicht einfällt. Du hast keine große, bequeme Backstube mehr und auch keine Gesellen, die dir die schwerste Arbeit abnehmen. Du hast nur einen schlechten Ofen und musst in allem sparsam sein.«

»Aber«, fuhr er fort und blickte zu Anna hinüber, »du hast eine Frau, die dich liebt und die zu dir steht. Und der Herrgott hat dir zwei starke Hände gegeben und eine feine

Nase. Du hast von deinem Vater fast alle Geheimnisse der Lebkuchenbäckerei gelernt und weißt, wie man einen vorzüglichen Teig herstellt. Du verstehst dich auf die Gewürze, Nelken, Kardamom, Zimt, Koriander und als besonderes Geheimnis, das keiner wissen darf, wahrscheinlich auch Petersilie.«

Martin grinste. »Du bist jung und gesund und Gott will euch ein Kind schenken. Mit deinem Jammern hilfst du niemandem, dem Kind nicht, Anna nicht und dir auch nicht. Jetzt vor Weihnachten hast du doch sicher am meisten zu tun? Also los, krempel die Ärmel auf und tu, was du kannst. Dann wird der Herrgott schon seinen Segen dazugeben. Und Hilfe bekommst du schließlich auch. Meine Lieben zum Beispiel waren in diesem Jahr sicher auch für dich ganz besonders fleißig.«

Martin war etwas außer Atem von seiner langen Rede und trank seinen Tee aus. »Ich muss jetzt zum Markt, sonst bekomme ich keinen guten Platz mehr.« Jedes Jahr im Herbst kam er in die Stadt, um auf dem Markt seinen Honig zu verkaufen. Immer hatte Martin, solange Jakob denken konnte, vorher seinen Vater besucht und ihm den besten Honig überlassen. Und nun kam er in jedem Jahr auf dem Weg zum Markt als Erstes zu Jakob und lieferte ihm, was er an Honig benötigte.

»Also sag mir, wie viel Honig du in diesem Jahr brauchst. Dann lade ich schnell ab. Mein Wagen steht gleich vor der Tür.« Martin zog seine Stiefel und seinen Mantel an und umarmte Anna zum Abschied. Draußen vor dem Haus stand ein kleiner Wagen mit grauem Verdeck. Im Geschirr wartete geduldig ein altes Pferd. »Na, Brauner, dir ist die Zeit wohl recht lang geworden?«, meinte Martin und klopfte dem Pferd den Hals. Dann schlug er die Plane des Wagens zurück. Im Inneren standen sorgsam aufgereiht Eimer um Eimer mit dem kostbaren Honig.

»Nun, wie viel soll ich dir dalassen?«, wandte er sich an Jakob. »Zehn Eimer würden mir wohl genügen«, begann Jakob zögernd, »aber ich werde sie mir kaum leisten können. Hast du nicht einen weniger guten Honig für billigeres Geld?«

»Weniger guter Honig? Willst du mich beleidigen?« Martin schnaubte entrüstet und nahm den ersten Eimer vom Wagen. »Zehn Eimer für den Preis von acht, das wirst du wohl bezahlen können?« Und als er Jakobs Zögern bemerkte, fügte er hinzu: »Du hast Recht, meine Lieben waren in diesem Jahr trotz des kurzen Sommers so fleißig, dass ich dir die zehn Eimer auch um den Preis von sechs überlassen kann.«

Während Jakob das Geld holte, lud Martin die zehn Eimer vom Wagen und stellte noch zwei weitere dazu. »Der Herr hat mich in diesem Jahr wieder so reich beschenkt«, murmelte er vor sich hin. »Da will ich gerne etwas weiterschenken, und dem Sohn meines besten Freundes allemal.«

»So, damit wären die Geschäfte erledigt«, sagte Martin und schob die Münzen in seinen Beutel. Dann umarmte er Jakob: »Leb wohl und Gott sei mit dir.«

»So, mein Brauner, nun komm. Wir werden uns sputen müssen, damit wir auf dem Markt überhaupt noch einen Platz bekommen.« Martin ergriff das Zaumzeug und führte Pferd und Wagen aus der engen Gasse.

* * *

Jakob stöhnte und streckte sich. Wieder ein Vormittag mit harter Arbeit. Wenigstens duftete der Lebkuchenteig nach frischem Honig. Allerdings hatte er an den teuren Gewürzen gespart, um nicht seinen gesam-

ten Vorrat aufzubrauchen. Was könnte ich nur stattdessen in den Teig tun, überlegte er sicher zum hundertsten Mal an diesem Tag. Oder ob Anna vom Markt Gewürze mitbringt wie schon einmal, als ein Freund ihres Vaters ihr die Reste einer Lieferung günstig überlassen hatte?
Jakob trat vor die Tür und blickte zu der fahlen Novembersonne auf, die jetzt um die Mittagszeit zwischen den Giebeln der kleinen, dicht an dicht gedrängten armseligen Häuschen hindurch schien und die düstere Gasse spärlich erhellte. Ach, wenn doch wieder Sonne in unser Leben schiene, dachte Jakob voller Sehnsucht. Kannst du nicht heller scheinen, Sonne, kannst du mir nicht den Weg aus dem Unglück zeigen? Jakob sah

unverwandt zum Himmel auf, wo die Sonne allmählich zum nächsten Dachgiebel wanderte. Resigniert wollte er sich abwenden, doch plötzlich spürte er einen heiligen Zorn in sich aufsteigen und er murmelte vor sich hin: »Nein, du wirst nicht untergehen, bevor du mir einen Weg gezeigt hast. Ich lasse dich nicht untergehen!«

Jakob blinzelte. Waren es Tränen des Zorns oder hatte er nur zu lange in die Sonne geschaut? Erneut musste er blinzeln und durch seine Tränen sah er die Sonne hinter den Dachgiebel tauchen, der ihre Strahlen zu einem leuchtenden Stern brach, hell funkelnd in allen Farben des Regenbogens. Jedes Geräusch verstummte und Jakob hatte nur noch Augen für das strahlende Licht.

Aller Zorn war verflogen und Jakob sah nur die bunten Strahlen, die vielen Strahlen vom Himmel, die vielen Wege, die die Sonne ihm zeigte. Wege – aus weiter Ferne schien dies Wort in Jakobs Gedanken zu fallen. Wege, um die ich gebeten habe. Und während er in dankbarem Staunen zum Himmel aufblickte, formten sich wie von selbst die Worte auf seinen Lippen: »Sag mir deinen Namen.« »Ich bin der Engel des Lichts« – tief in sich meinte Jakob diese Worte zu vernehmen und in diesem Moment verlosch der letzte Sonnenstrahl, als die Sonne hinter dem Dachgiebel versank.

»Jakob, Jakob, was ist mit dir?« Anna stand vor ihm und sah unsicher in sein entrücktes Gesicht. »Hast du getrunken? Nein, doch nicht am helllichten Tag. Warum stehst du hier auf der Straße in der Kälte? Ist dir nicht gut? Schau, was ich alles vom Markt mitgebracht habe. Aber du hörst mir ja gar nicht zu. Nun komm erst mal ins Haus ins Warme, dann erzählst du mir, was dich bedrückt.« Mit diesen Worten zog Anna Jakob sanft ins Haus und drückte ihn auf die Ofenbank.

»So, jetzt koche ich uns einen heißen Tee, dann sieht die Welt schon ganz anders aus.« Anna setzte den Kessel auf, stellte Becher bereit und setzte sich zu Jakob auf die Bank. »Bedrücken dich wieder unsere Sorgen?«

Liebevoll nahm sie seine Hand. »Schau, wir haben doch ein Dach über dem Kopf und irgendwie geht es immer weiter. Jeder Tag hat seine eigene Sorge, hat der Pfarrer neulich gesagt. Bestimmt weißt du längst, was du tun kannst, du kommst nur noch nicht darauf. Willst du nicht heute ausruhen? Du grübelst ja tagein, tagaus, sogar am Sonntag.« Anna goss den Tee ein und reichte Jakob einen Becher.

»Ich zermartere mir den Kopf, aber ich finde keine Lösung. Ich weiß wirklich nicht mehr, wie es weitergehen soll.« Jakob ließ resigniert den Kopf hängen.

Anna lächelte und strich ihm durch die Haare. »Ich weiß, dass du dich bemühst und dein Bestes gibst. Morgen wird dir eine Lösung einfallen. Vielleicht schickt Gott dir im Traum einen Engel.«

»Hat er schon«, murmelte Jakob.

»Gott hat dir einen Engel geschickt?«, fragte Anna erstaunt und sah Jakob fragend an.

»Nein – nicht einen, sondern drei!«

»Drei Engel? Wann denn? Hast du sie im Traum gesehen? Wie sahen sie aus? Was wollten sie von dir? Und haben sie mit dir gesprochen? Hatten sie eine Botschaft? Erzähl doch endlich«, drängte Anna ungeduldig.

»Ich weiß nicht so recht, wie sie aussahen«, begann Jakob umständlich. »Erst war in meinem Traum alles ganz hell und mitten in dem Licht stand jemand, aber ich konnte ihn nicht richtig sehen. Und dann wurde es immer dunkler und ich konnte gar nichts mehr erkennen.«

»Und das war ein Engel?«, fragte Anna.

»Woher soll ich das wissen«, brummte Jakob. Doch als er Annas enttäuschtes Gesicht sah, sprach er weiter: »Doch, es war schon ein Engel. Waren schließlich seine eigenen Worte.«

»Er hat also gesagt, er sei ein Engel?« Anna schaute nachdenklich in die Ferne. »Was hat er noch gesagt? Und haben die Engel auch miteinander gesprochen?«

»Nein, nein!« Jakob schüttelte den Kopf. »Sie kamen ja nicht alle auf ein Mal. Ich habe drei Mal einen Engel gesehen.«

»Aber eben hast du gesagt, es waren drei Engel«, wunderte sich Anna.

»Ich weiß genau, was ich gesagt habe«, unterbrach Jakob sie ungeduldig. »Zweimal habe ich in der Nacht von einem Engel geträumt und den dritten habe ich heute Mittag auf der Straße gesehen.« Und ehe Anna ihn wieder unterbrechen konnte, fuhr er fort: »Ja, sie haben auch zu mir gesprochen. Aber Engel sprechen anscheinend nicht unsere Sprache. Jedenfalls habe ich nicht verstanden, was sie gesagt haben. Ich meine, die Worte habe ich schon verstanden, aber sie ergeben überhaupt keinen Sinn. Oder wüsstest du, was jemand meint, wenn er sagt, sein Name sei seine Botschaft?«

»Der Name ist die Botschaft.« Anna dachte so lange nach, dass Jakob sich schon fragte, ob sie die Namen überhaupt wissen wollte.

»Jeder Name bedeutet etwas«, sagte Anna wie zu sich selbst. »Warum sollte das bei Engeln anders sein?« Nachdenklich nickte sie, sah Jakob wie aus weiter Ferne an und fragte dann mit sanfter Stimme: »Wie heißen die Engel, die du gesehen hast?«

Über so viel Verständnis, das Anna für Engel aufbrachte, die sie noch nicht einmal gesehen hatte, wurde Jakob beinahe ärgerlich. Schließlich waren es seine Engel und er musste wohl am besten wissen, ob ihre Namen einen Sinn ergaben oder nicht. Fast trotzig antwortete er: »Engel der Heimat, Engel der Blumen und Engel des Lichts. Nun, sagt dir das etwas?«

Anna sah ihn wortlos an und langsam füllten sich ihre Augen mit Tränen. »Engel der

Heimat«, flüsterte sie. »Wie sehr wollte ich, dass er zu mir kommt.«

Betroffen schwieg Jakob, als er Anna weinen sah. Natürlich, zu ihr sprach der Engel der Heimat. Sie vermisste ihre Heimat sehr, auch wenn sie nicht darüber sprach. Aber jedes Mal, wenn ein Händler aus Holland in der Stadt eintraf, lief sie zum Markt, um die letzten Neuigkeiten aus ihrer Heimat zu erfahren. Die Briefe, die ihr Vater aus Amsterdam schickte, las sie wieder und wieder. Sie hätte ihren Vater gerne besucht, wusste aber, dass sie die Mittel für eine Reise nicht aufbringen konnten, und sagte deshalb nichts.

»Verzeih mir«, entschuldigte sich Jakob. »Ich habe schon oft überlegt, ob wir unser Glück nicht in Holland versuchen sollen.

Vielleicht will der Engel uns ja genau das sagen. Ich verspreche dir …« Anna unterbrach ihn mit einem wehmütigen Lächeln. »Nein, Jakob, wir wollen nicht davonlaufen. Wenn wir einmal nach Holland gehen, dann soll es unser gemeinsames Ziel sein. Und im Moment können wir uns einen Neuanfang gar nicht leisten. Nein, ich glaube, wenn der Engel dir helfen will, dann bedeutet sein Name etwas anderes.«

»Aber was könnte sein Name denn sonst bedeuten?«, überlegte Jakob. »Nürnberg ist meine Heimat und bessere Lebkuchen als die aus Nürnberg gibt es nirgendwo auf der Welt. Also soll ich weiter Lebkuchen backen? Soll das die Botschaft sein?« Jakob schüttelte zweifelnd den Kopf.

»Und wenn ›Engel der Heimat‹ eine Zutat bedeutet?«, fragte Anna.

»Eine Zutat? Ja, aber was denn? Es kommt doch keine Zutat aus Nürnberg, die Mandeln nicht und die Gewürze nicht und …«

»Aus deiner nicht, aber aus meiner!« Anna schaute triumphierend.

»Ja, das stimmt, viele Gewürze werden von holländischen Händlern geliefert«, überlegte Jakob, »aber welches neue Gewürz sollte ich verwenden? Außerdem kann ich mir weitere Gewürze doch überhaupt nicht leisten.«

»Hast du nicht noch irgendetwas übrig, was du noch nie ausprobiert hast?«

Jakob dachte angestrengt nach, dann schüttelte er den Kopf und sagte: »Da ist nur dieses fürchterliche Orangeat und Zitronat, das dein Vater vor langer Zeit einmal mitgebracht hat. Wir dachten damals, wir könnten die Lebkuchen damit verzieren, aber wir haben uns eine ganze Partie verdorben. Das Zeug ist entsetzlich salzig.«

Anna nickte und überlegte dann: »Ich glaube, das Salz wird nur gebraucht, um das Orangeat und Zitronat haltbar zu machen. Man muss es abwaschen, bevor man es verwendet.«

Jakob nickte langsam. »Ja, vielleicht hast du Recht. Denn würzig sind Orangeat und Zitronat schon und aus deiner Heimat kommen sie und hier stehen sie ungenutzt in der Backstube herum und dabei sind sie vielleicht der Schlüssel zu unserem Glück. Gut, also was ›Engel der Heimat‹ ist, wissen wir jetzt. Und was bedeutet ›Engel der Blumen‹? Auch eine Zutat? Soll ich etwa Blumen in den Lebkuchenteig tun? Die Blütenblätter oder auch die Stängel und die grünen Blätter? Und wo soll ich jetzt Blumen herbekommen, es ist doch fast Winter?«

Anna fragte sich im Stillen, wie den Engeln wohl zumute sein mochte, wenn ihre Namen hier eins, zwei, drei für ein neues Rezept herhalten mussten, aber sie wollte Jakobs Enthusiasmus nicht bremsen, jetzt, da er offensichtlich gerade wieder Mut fasste. Trotzdem erforderte der Respekt vor den Engeln wohl etwas mehr Bescheidenheit und deshalb sagte Anna mit andächtiger Stimme: »Die Namen der Engel bedeuten sicher viel mehr, als wir Menschen begreifen können. Vielleicht verstehen wir gerade mal den Namen einer Blume.«

»Und welche soll das sein?«, fragte Jakob etwas verunsichert, denn am liebsten hätte er eine ganze Wagenladung von Blumen in den nächsten Lebkuchenteig gerührt. »Welche eine Blume blüht denn jetzt noch?«

»Der alte Rosenstock hinter dem Haus trägt noch viele Blüten«, antwortete Anna. »Vielleicht musst du aber nicht die Blütenblätter verwenden, sondern«, fuhr sie schnell fort, ehe Jakob sie unterbrechen konnte, »etwas anderes. Ich habe einmal von Rosenwasser reden hören, das den Duft der Rosen in sich birgt. Ob der Engel der Blumen dieses Wasser gemeint hat?«

»Bestimmt hast du wieder Recht!« Jakob wurde immer eifriger. »Weißt du, wie man solches Rosenwasser zubereitet?«

»Nein«, antwortete Anna, »aber ich werde Elisabeth, die Amme, fragen. Sie ist eine weise Frau, die sich mit Kräutern auskennt. Sie weiß sicher Rat und sie wird uns gerne helfen.«

»Und der Engel des Lichts, was bedeutet sein Name? Soll ich etwa Kerzen in den Teig tun? Oder soll ich mit Licht backen?«

Anna lachte: »Nein, nicht mit Licht, aber mit Liebe. Mit Wärme ...«

»Genau, mit Wärme«, fiel ihr Jakob ins Wort. »Ich werde den Ofen so stark einheizen, dass ich sogar Gold schmelzen könnte, und dann werden die Lebkuchen golden und ...«

»Oder schwarz!« Diesmal fiel Anna ihm ins

Wort. »Du beklagst dich doch immer, dass die Lebkuchen oft zu dunkel werden.«

»Dann soll sie der Lichtengel eben hell machen, wenn er mir schon helfen will«, erwiderte Jakob unwirsch. »Es liegt alles an dem vermaledeiten Ofen. Was kann ich dafür, wenn die eine Seite immer zu heiß wird und der Teig verbrennt!«

»Und wie wäre es, wenn du sie erst gar nicht so dunkel backst, dass der Engel sie hell machen müsste?«, fragte Anna entwaffnend. »Engel des Lichts und helle Lebkuchen, das passt doch zusammen, oder nicht?«

»Du meinst, ich sollte auf der kühleren Seite backen?«

»Nein, nicht ich meine das, aber vielleicht der Engel des Lichts.«

Drei Glockenschläge klangen von St. Sebald herüber. Viertel vor zwei. Die wenigen Kerzen vermochten die Backstube kaum zu erhellen.
Heute Nacht wird sich zeigen, ob wir die Engel richtig verstanden haben, dachte Jakob und ließ seinen Blick über die bereitgestellten Zutaten schweifen: sorgfältig abgewaschenes und getrocknetes Orangeat und Zitronat in einem kleinen Tiegel und in einer bauchigen Flasche das kostbare Rosenwasser, das Elisabeth aus den Blütenblättern des Rosenstrauchs hinter dem Haus angesetzt hatte, dazu Gewürze, Honig, Eier, Mehl und Mandeln, die Jakob tagsüber in mühsamer Arbeit geknackt, abgezogen und fein gehackt hatte.

»Willst du bei meinem Experiment dabei sein?«, hatte Jakob am Abend gefragt, aber Anna hatte lächelnd den Kopf geschüttelt: »Nein, Jakob, das Lebkuchenbacken ist deine Aufgabe. Aber ich werde beten, dass dir gelingt, was wir uns wünschen.«
Fast andächtig begann Jakob die Zutaten zu vermischen. Wie viel Mühe steckt darin, überlegte er, während er Eier, Mehl und Mandeln verrührte. Wie viel muss die Natur uns schenken, dachte er und gab den abgemessenen Honig zum Teig. Wie viel Erfahrung ist nötig, um zu wissen, welche Gewürze Gaumen und Nase am meisten erfreuen, sinnierte er und fügte Zimt und Kardamom hinzu. Und manchmal müssen Engel helfen. Langsam ließ Jakob Orangeat und Zitronat

in den Teig rieseln und rührte schließlich noch einige Tropfen Rosenwasser unter.
Vorsichtig öffnete Jakob die Ofentür. Neben dem unvermeidlichen Rauch zog ihm ein wunderbar geheimnisvoller Duft entgegen, ein Aroma vertraut und doch ungewohnt, kräftig, wie Lebkuchen duften müssen, und dabei zart und blumig. Und welch herrlich goldgelbe Farbe die fertig gebackenen Lebkuchen hatten, fast als leuchteten sie von innen. Danke, ihr Engel, dachte Jakob, dann legte er sich auf die Ofenbank und schlief erschöpft ein.
»Jakob, wach auf.« Aus weiter Ferne drang Annas Stimme an sein Ohr. »Hast du diese Engel-Lebkuchen gebacken?« Jakob schlug die Augen auf und blickte in Annas lächeln-

des Gesicht. »Sie sehen wunderschön aus und wie sie duften!« Stöhnend richtete sich Jakob auf und fragte schlaftrunken: »Von welchen Engeln sprichst du eigentlich und wer sieht wunderschön aus?« »Na, die Lebkuchen, die hier liegen.« Allmählich wurde Jakob munter. »Ja, nicht wahr, sie sehen schön aus? Willst du sie versuchen?«
Behutsam hielt Anna den Lebkuchen in der Hand, betrachtete ihn wieder und wieder und als sie schließlich ein Stück abbiss, war es, als ob ihr Gesicht leuchtete. »Ja, Jakob, die Engel haben dir geholfen. Diese Lebkuchen schmecken nach dem Himmel – und du hast sie gemacht. Ich liebe dich.«

Unermüdlich arbeitete Jakob. Ich muss mich sputen, bis Weihnachten ist es nicht mehr lange, dachte er. Tag und Nacht rauchte der kleine Ofen und Jakob backte und backte, kleine und große Lebkuchen, runde und eckige, einfache und schön verzierte – alle nach dem neuen Rezept, dem Rezept der Engel. Trotz der vielen Arbeit lag ein fröhliches Lächeln auf seinem Gesicht und manches Mal hörte Anna ihn in der Backstube vor sich hin pfeifen. Die Lebkuchenvorräte wuchsen und wuchsen und bald türmten und stapelten sich Dosen und Pakete in der Backstube und unter der Treppe und schließlich sogar in der Kammer unter dem Dach.

Eine Woche war es noch bis Weihnachten, als Jakobs Zutaten zur Neige gingen. »Ob wir auch alles verkaufen können?« Jakob betrachtete zweifelnd die vielen Pakete und Schachteln. »Die Leute werden sich um deine Engel-Lebkuchen reißen«, erwiderte Anna voller Zuversicht. »Wir haben so viel Grund zur Dankbarkeit und nachdem der Bäckergeselle aus der Burgstraße sich im Frühjahr selbständig machen und unser Häuschen kaufen will, können wir vielleicht doch im nächsten Jahr nach Holland gehen.« Jakob nickte und lächelte. »Ja, du hast Recht. Warum sollten uns die Engel nicht auch dabei helfen?«

Ein letztes Mal rührte Jakob Lebkuchenteig an und war in Gedanken schon auf dem Weihnachtsmarkt. Ein letztes Mal heizte er den Ofen an und bereitete alles zum Backen vor. Am Ende blieb ihm noch ein kleiner Rest Teig. Plötzlich fielen ihm Martins Worte wieder ein: »Mach Herzen und Sterne.« Da formte er besonders sorgfältig ein Herz, das wollte er Anna zu Weihnachten schenken. Und für das Kind machte er einen Stern als Zeichen, dass Gott es auf all seinen Wegen behüten möge.

Dicht drängten sich die Menschen auf dem Weihnachtsmarkt. Heute, einen Tag vor Weihnachten, schienen alle noch letzte Einkäufe erledigen zu müssen. Trotz des Ge-

dränges ging es fröhlich zu, es wurde gelacht und gescherzt, die Leute riefen einander gute Wünsche zu und wenn man, ohne es zu wollen, aneinanderstieß, entschuldigte man sich höflich und die gute Laune ließ keinen Ärger aufkommen.
Das Gedränge wurde immer dichter, als es auf den Nachmittag zuging und sich schon die winterliche Dämmerung ankündigte. »Mama, schau doch«, so klangen ein ums andere Mal helle Kinderstimmen. Und wirklich, was es da alles zu sehen gab: Böhmische Glasbläser hielten ihre Ware feil, Keramik und Körbe aller Art, Stoffe und kostbares Tuch, Kerzen und Öllampen, Ledersachen, Kochtöpfe, Gewürze, Honig und fein gemahlenes Mehl. Da pries ein Händler seine selbst

gebundenen Reisigbesen mit den Worten an, Weihnachten sei die beste Gelegenheit zum Großreinemachen, und nicht weit von ihm hatte sogar ein holländischer Holzschuhhändler seinen kleinen Stand aufgeschlagen. Mitten auf dem Markt hatte sich ein angeblich aus dem Orient stammender Händler einen besonders guten Platz gesichert. Ehrerbietig verbeugte er sich vor seinen Kunden, wenn er ihnen Edelsteine oder anderen Schmuck und Geschmeide zur Prüfung reichte. Mancher Edelmann ließ sich in der Weihnachtsstimmung überreden, für seine Angebetete als Beweis seiner Liebe ein goldenes Amulett oder eine mit Edelsteinen besetzte Spange zu kaufen, die seine Mittel eigentlich überstiegen. Selbst die Wahrsager und Kräuterweiblein waren heute wohlwollend geduldet.

Über dem ganzen Weihnachtsmarkt hing ein köstlicher Duft von Gewürzen, gebratenen Würsten und geräuchertem Fleisch, von heißem Honigwein und natürlich von den süß-würzigen, köstlichen Lebkuchen. Alle Nürnberger Lebküchner hatten ihre Stände aufgebaut und die Leute ließen sich nicht zweimal bitten, für das bevorstehende Fest reichlich Honigkuchen, Zuckerwerk, Pfefferkuchen und Lebkuchen zu erstehen.

Besonders dicht war das Gedränge rund um einen kleinen Stand ganz am Rande des Marktes. »Nein, wie köstlich«, erschallte es mehr als einmal. »So gute Lebkuchen hab ich mein Lebtag noch nicht gekostet«, verkündete ein dicker Bauer allen Umstehenden und ein etwas ältliches Fräulein drohte mit ihrem Hintermann in Streit zu geraten, als dieser sich vorbeugte, um ebenfalls die Auslagen in Augenschein zu nehmen, während sie noch ihre Auswahl traf. »Nur nicht so ungeduldig, junger Mann«, bemerkte sie spitz, obwohl der »junge Mann« sicher schon auf die 50 zuging.

»Jeder kommt an die Reihe«, beruhigte Jakob, denn es war sein Stand, um den sich die Menschen drängten. »Frohe Weihnachten wünsche ich«, sagte er gutgelaunt, während er die Lebkuchen in den Korb des Fräuleins schichtete, das vor sich hinmurmelte, in früheren Zeiten habe es noch echte Kavaliere gegeben, von Jakobs Lächeln und ob der zuvorkommenden Bedienung aber doch geschmeichelt war.

»Deine Lebkuchen schmecken anders, mein Sohn«, verschaffte sich ein streng blickender Priester Gehör, der eine Probe verkostete, und die Umstehenden spitzten die Ohren, als er fortfuhr: »Wie ich höre, gehen deine Geschäfte schlecht, und jetzt willst du deine Nächsten wohl mit falschem Backwerk betrügen? Wenn da mal nicht der Teufel …«

»Nicht der Teufel, Hochwürden, sondern drei Engel«, lächelte Anna, während sie für ein kleines Mädchen drei Lebkuchen einpackte, und als der Priester ihre strahlenden Augen sah und bemerkte, dass sie schwanger war, schwieg er verärgert, denn immerhin war morgen Weihnachten und Maria hatte damals angeblich auch mit Engeln zu tun gehabt. Nur bei sich dachte er: Wenn da mal nicht doch der Teufel …

Immer mehr Menschen drängten sich um den kleinen Stand und es wurde gefährlich eng. Also, da werde ich jetzt doch nach dem Rechten sehen müssen, dachte Franz, der Lebküchnermeister und Älteste der Zunft, der sich ein wenig als Oberaufseher des ganzen Marktes fühlte. »Hast du schon gehört? Die Lebkuchen, die der Jakob dieses Jahr gebacken hat, sollen ja etwas ganz Besonderes sein.« Mehr als einmal hatten ihn Leute schon angesprochen und es wurde höchste Zeit, dass er nachsah, was da vor sich ging.

»Nun lasst mich doch mal durch, ich bin Franz, der Gildenälteste.« Mit diesen Worten drängte er sich durch die Menschentraube und die Leute machten ihm, wenn auch widerwillig, Platz. »Na, deine Geschäfte scheinen ja gut zu gehen?«, fragte er neugierig, als er schließlich den kleinen Stand erreicht hatte. »Aber du hast es auch verdient, das letzte Jahr war gewiss nicht leicht für euch beide«, fuhr er fort und überlegte im Stillen, dass er und die anderen Lebküchner für Jakob keine allzu große Hilfe gewesen waren. »Man hört ja wahre Wunderdinge über deine Lebkuchen. Lässt du mich versuchen?« Mit einem Lächeln holte Jakob einen besonders schönen Lebkuchen aus einem Korb. Weich fühlte er sich an und war wunderschön glasiert und mit Mandeln verziert. Franz biss hinein und hielt dann ganz überrascht inne. »Also, das ist doch … Ja, wahrhaftig, einen solchen Lebkuchen habe ich noch nie gekostet. So saftig und das Aroma … irgendwie fast ein wenig wie Blumen und etwas exotisch, aber nicht zu viele Gewürze. Ja, jetzt verstehe ich, warum alle Welt von deinen Lebkuchen schwärmt. Was hast du nur alles hineingetan? Nun, du wirst dein Geheimnis gewiss mit niemandem teilen und im nächsten Jahr werden für uns andere Lebkuchenbäcker wirklich schwere Zeiten anbrechen.«

»Keine Angst«, beruhigte ihn Jakob. »Ich bin euch allen sehr dankbar, dass ihr mich nicht aus der Zunft ausgeschlossen habt, obwohl ich mich nicht gerade als wertvolles Mitglied erwiesen habe. Ich werde euch keine Konkurrenz sein, denn sobald das Kind geboren ist, gehen Anna und ich in ihre Heimat nach Holland. Dort bekomme ich auch alle Zutaten, die ich brauche, und warum sollten die Holländer Lebkuchen nicht genauso lieben wie die Nürnberger?« Bei diesen Worten blickte er zu seiner Frau hinüber, die ihn glücklich anlächelte, während sie schon für den nächsten Kunden ein Paket packte.

»Du hast nach dem Geheimnis gefragt«, fuhr Jakob an Franz gewandt fort. »Ja, es ist wirklich ein Geheimnis und der Himmel selbst hat es mir offenbart. Ich habe es zuerst nicht verstanden, aber Anna und ich haben es schließlich doch herausgefunden. Und weil wir Lebküchner zusammenhalten müssen, habe ich das Geheimnis aufgeschrieben und im kommenden Jahr könnt ihr, wenn ihr wollt, nach diesem Rezept backen und ab und zu an den Jakob denken, dem die Engel geholfen haben. Und«, fügte er mit einem Grinsen hinzu, »ich werde um dieselbe Zeit, wenn ich dann in Amsterdam Lebkuchen für die Holländer backe, an euch denken und an all das, was ich in Nürnberg über die Lebküchnerei gelernt habe. Denn ich nehme ja nicht nur das Geheimnis der Engel mit, sondern auch eure Kunst.«

Mit diesen Worten umarmte er Franz, zog einen kleinen Zettel aus seiner Tasche und überreichte ihn dem Zunftältesten. »Ich wünsche all euch Lebküchnern viel Glück und Gottes Segen und wenn ich ein klein wenig zum Ruhm der Stadt beigetragen habe, dann war es alle Mühe wert.« Franz war sprachlos. Schließlich sagte er mit rauer Stimme: »Im Namen der ganzen Lebkuchenbäckerzunft danke ich dir und auch im Namen der Stadt. Mögest du in Holland ebenso viel Erfolg haben wie in diesem Jahr hier bei uns. Aber von welchen Engeln sprichst du eigentlich?« Da lächelte Jakob und meinte mit einem schnellen Blick zu Anna: »Das soll unser Geheimnis bleiben. Und nun wünsche ich dir ein schönes Christfest, lieber Freund. Bevor wir dann im Frühjahr nach Holland gehen, werden wir einander Lebewohl sagen.«

Langsamen Schritts gingen Anna und Jakob nach Hause, müde aber glücklich, denn an den drei Markttagen hatten sie all ihre Lebkuchen verkauft.
Der Frost hatte nachgelassen und als Anna und Jakob eben in die Gasse zu ihrem schiefen, kleinen Häuschen einbogen, schwebten sacht die ersten Schneeflocken zu Boden. Andächtig blieben sie stehen und schauten zum Himmel auf.
»Was stand auf dem Zettel, den du Franz gegeben hast?«, fragte Anna leise. »Ich werde meine Heimat vermissen«, antwortete Jakob, als habe er ihre Frage nicht gehört. »Ich habe mein ganzes Leben hier verbracht und meine Freunde werden mir fehlen, mein Elternhaus, auch wenn es mir nicht mehr gehört,

die Wege, die ich immer gegangen bin, und auch der Klang der Kirchenglocken.« Lange schwieg er, doch dann fuhr er fort: »Ich habe für Franz und die anderen Lebküchner das Rezept für meine Lebkuchen aufgeschrieben. Wir sind von den Engeln so reich beschenkt worden und deshalb wollte ich etwas davon weitergeben. Du hast mir schon einmal gezeigt, dass wir uns auf die Engel verlassen können. Deshalb will ich auch immer noch auf den Engel der Heimat hören. Für dich hat er viel größere Bedeutung als für mich. Manchmal kommt es mir so vor, als hätten die Engel zu dir gesprochen und nicht zu mir. Du hast ihre Botschaft sofort verstanden. Fast so wie die Jungfrau Maria damals, als die Engel an Weihnachten zu ihr gesprochen haben.«

Anna lächelte wehmütig und glücklich zugleich. »Bist du immer noch sicher, dass wir in meine Heimat gehen sollen?«, fragte sie mit leiser Stimme. »Ja«, antwortete Jakob entschlossen, »manchmal ist die Zeit einfach reif für einen neuen Aufbruch. Und«, fügte er mit einem Lächeln hinzu, »unser Kind soll doch nicht ohne Großvater aufwachsen, oder? Dein Vater wird sich freuen, wenn er nicht nur seine Tochter wieder bei sich hat, sondern auch noch ein Enkelkind bekommt.«

»Das letzte Weihnachtsfest in deiner Heimatstadt. Bist du traurig darüber?« Anna sah Jakob fragend an. »Nein«, erwiderte Jakob, »Weihnachten ist immer, wenn ich mit dir zusammen bin und wenn es unserem Kind gut geht.« Jakob zog Anna fest in seine Arme und während sie gemeinsam zum Himmel aufblickten, in die wirbelnde Schneeflockenpracht, war Weihnachten, mitten in der Nacht in der kleinen, dunklen Gasse.

»Nun komm nach Hause, Anna«, sagte Jakob mit leiser Stimme und dabei dachte er auch an die symbolischen Weihnachtsgeschenke, die für sie und das Kind bereit lagen: das Herz und der Stern aus Lebkuchen.

Lebkuchenrezept

125 g Zucker

125 g Honig

1 TL Kardamom

1 TL Zimt

je 1 Prise Muskatblüte und Nelken

1 Prise Salz

½ TL Hirschhornsalz

4 Eier

75 g Orangeat

75 g Zitronat

5 Tropfen Rosenwasser (aus der Apotheke)

200 g geschälte und fein gehackte Mandeln

200 g Mehl

ganze Mandeln zum Verzieren

Zucker, Honig, Gewürze, Hirschhornsalz und die Eier schaumig rühren. Orangeat, Zitronat, Rosenwasser und die Mandeln hinzufügen und mit dem Mehl zu einem zähen Teig verarbeiten. Den Teig auf Oblaten streichen, nach Belieben mit ganzen Mandeln verzieren und mehrere Stunden ruhen lassen. Bei 160 Grad etwa 15 Minuten goldbraun backen.

www.herder.de

Umschlagillustration: © mauritius images/Alamy
Illustrationen im Innenteil: Solomnikov/Shutterstock.com, Reamolko/Shutterstock.com, Fairy-N/Shutterstock.com, Milles Vector Studio/Shutterstock.com, Martial Red/ Shutterstock.com, Elina Li/Shutterstock.com, Christina Kölsch

Gesamtgestaltung & Satz:
Christina Kölsch, www.christinakoelsch.de

Herstellung: Graspo CZ a.s., Zlín

Gedruckt auf chlorfrei gebleichtem Papier

Printed in the Czech Republic

ISBN 978-3-451-37853-9